AF186445

Jakob Anderhandt

Täter, Opfer, Fakten

Zur Debatte über das Luf-Boot im Humboldt Forum

Der Südseekaufmann Eduard Hernsheim (1847–1917) hätte es eine Räubergeschichte genannt.[1] Erzählt wird sie in der Streitschrift *Das Prachtboot*, einem Kolonialgeschichte-Bestseller des Berliner Journalisten und Politikwissenschaftlers Götz Aly.[2] Hernsheim steht im Mittelpunkt. Beim Boot handelt es sich um das letzte Auslegerkanu der Hermit-Insel Luf im Bismarckarchipel, der zu jener Zeit, mit der Aly sich beschäftigt, ein Teil des Kaiserlichen Schutzgebiets Deutsch-Neuguinea war. Das etwa 15 Meter lange Großboot kam 1904 nach Berlin und war dort eine Zeitlang im *Museum für Völkerkunde* ausgestellt. Nach dem Zweiten Weltkrieg bildete es ein wichtiges Schaustück der Südsee-Dauerausstellung im *Ethologischen Museum* in Berlin-Dahlem. Jüngst ist es ein Aufmerksamkeitsmagnet im Entree des neuen *Humboldt Forums*.

Stephan Karkowsky von *Deutschlandfunk Kultur*, der nach dem Erscheinen des *Prachtboots* im Mai 2021 ein Interview mit Götz Aly führte, beschreibt die Hauptlinie von dessen Streitschrift so: »Da ist also diese Insel Luf im heutigen Papua-Neuguinea; deutsche Händler stoßen auf Widerstand bei den vierhundert Inselbewohnern, die Kaiserliche Kriegsmarine hilft aus mit zwei ›Strafexpeditionen‹, zerstört die Lebensgrundlage der Bewohner, die Häuser, die Kanus, rottet quasi die Bewohner aus, ohne jeden einzelnen ermorden zu müssen, und dann nimmt sich ein Händler, Eduard Hernsheim, was übrig bleibt, darunter das Prachtboot, und verkauft es an das Berliner Museum.« – Etwas unsicher, ob es wirklich so einfach gewesen sein kann, hakt Karkowsky nach: »So in etwa?« fragt er Aly. Der gibt uneingeschränkt grünes Licht: »Ja, genau so war es.«[3]

Und damit gleich zur Pointe: Jene »Strafexpeditionen«, die Karkowsky anführt, hat Eduard Hernsheim selbst veranlaßt. Eine zentrale These Götz Alys in diesem Zusammenhang ist es, daß Hernsheim mit einer Eingabe nach Berlin, derentwegen es zu den militärischen Operationen auf Luf kam, wissentlich und aus niederen Motiven die Zerstörung derjenigen Kultur herbeigeführt hat, aus der jenes letzte Großboot hervorgegangen ist, das durch ihn selbst schließlich nach Berlin kam.[4]

Natürlich, im Buch argumentiert Aly differenzierter. Doch auch hier bemerkt die Ethnologin Brigitta Hauser-Schäublin eine Konzentration auf »zielgerichtet gesuchte und effektvoll zusammengestellte, gewaltvolle Episoden«,[5] ein Narrativ also, das Hernsheims Verständnis von einer Räubergeschichte ziemlich gut treffen kann. Verallgemeinernd nennt man ein solches Verfahren *cherry picking* und meint damit eine Darstellungstechnik, die ausschließlich Beispiele oder Belege zur Unterstützung der eigenen Thesen aufführt, dagegen anderes, was gegen sie sprechen würde, vorsätzlich ausläßt. Nach einer ›Am Anfang steht das Ergebnis‹-Methode werden Quellen nicht gewichtet oder kritisch diskutiert, sondern lediglich durchgesiebt auf das, was ›paßt‹ und was ›nicht paßt‹.

Daß dieses Verfahren beim *Prachtboot* Pate gestanden hat, erzählt Aly an anderer Stelle selbst. Vor einem Kreis von Journalisten, so der *Prachtboot*-Autor in einem nächsten Interview mit Peter Vögeli vom *Schweizer Radio und Fernsehen*, habe der Generalintendant des *Humboldt Forums*, Hartmut Dorgerloh, über den Umgang mit Schauobjekten gesprochen, die aus kolonialen Kontexten stammen: »... und dann sagte er«, erinnert sich Aly, der zu dem Journalistenkreis gehörte, »›naja, die Leute werden schon aufpassen, daß sie da besonders belastende Objekte nicht in die Ausstellung stellen ...‹ – und er sagte noch dazu: ›Ja, und wenn irgendwas ist, dann kann man das in den Vitrinen ja schnell austauschen.‹« Das, so Aly gegenüber Vögeli, war für ihn die Geburtsstunde des *Prachtboots*: »... da hab' ich mir gedacht«, erinnert er sich weiter, »aha! Dann nehm' ich doch das Boot, das kriegen sie nicht 'raus.«[6] Denn das Luf-Boot mußte während des Baus am *Humboldt Forum* wegen seiner schieren Größe durch eine offen gelassene Mauerlücke in das Gebäude eingeschoben werden. Es ist nun, bei geschlossener Lücke, kaum mehr zu entfernen.

Bei seiner Argumentation, warum das Luf-Boot den rechtmäßigen Eigentümern »einfach weggenommen« worden sein soll,[7] bemüht Aly den europäischen Kolonialismus als ein Rahmensystem institutionalisierten Unrechts, in dem es auf Seiten der Kolonisatoren ausschließlich Täter (›Räuber‹, ›Plünderer‹, ›Ausbeuter‹, ›Mörder‹) gab und auf Seiten der Kolonisierten ausschließlich Opfer (›Bestohlene‹, ›Beraubte‹, ›Betrogene‹). In nachdenklicheren Momenten erklärt Aly zwar, es sei »wichtig«, »auch die Täterpersönlichkeiten zu erkunden« und sich nicht vorschnell mit den Opfern zu identifizieren.[8] Doch im *Prachtboot* führt er das kaum ansatzweise aus.

Das wiederum hat selbst System. Aly versteht sich als Experte für »Deutschland als Böses«, bisher vorrangig in den Feldern »Holocaustologie« und »Antisemitismus«. Im *Prachtboot* weitet er sein Dogma deutscher Bösartigkeit nun einfach rückwärts auf die deutsche Kolonialzeit aus.[9] Plausible Gründe für die nach hinten getriebene Expansion nennt Aly nicht. Raffgier, Schurkenhaftigkeit und Rassistentum sind gleichsam ein Wesensmerkmal von Alys Deutschen schlechthin.

*

Ohne jeden Zweifel war der europäische Kolonialismus, auch der deutsche, eine Periode extremer Machtunterschiede, eine Zeit der physischen und seelischen Brutalität, der Unterdrückung und Ausbeutung. Aber genau dieser Kolonialismus war *immer* auch eine Verflechtungsgeschichte. Verschiedene Historiker aus Götz Alys Generation haben teilweise ihr gesamtes Berufsleben darauf verwendet, um ein ausgewogenes Bild des europäischen Kolonialismus zu zeichnen, eine Rückschau, in der auch Schattierungen und Grautöne vorkommen können. Untersuchungen solcher Wissenschaftler zeigen, wie heterogen das Bild der Kolonisierten war (es gab immer auch Täter), genau wie das der Kolonisatoren (es gab immer auch Opfer). Ebenso verwehren sich die betreffenden Historiker gegen die Ansicht, daß mit dem Kolonialismus das Böse in eine eigentlich gute Welt kam. Im konkreten Fall stellen Hermann Mückler (Wien) und Reinhard Wendt (Hagen) das naive

5

Bild einer Südsee infrage, in der es vor der europäischen Pene-
tration ausnahmslos edle Wilde gab, die von einer gütigen Natur
alles frei Haus bekamen, was sie zum Leben benötigten, um dann
von verbrecherischen Besitzergreifern enteignet, versklavt und ver-
nichtet zu werden.[10]
Eduard Hernsheim, mit dem ich mich in zehnjähriger Forschungs-
arbeit beschäftigt habe, lernte bei seinem Eintritt in den Südsee-
handel im Jahr 1874 sehr schnell, daß die Welt des Pazifik alles
andere als jenes Insel-Arkadien war, das deutsche Romantiker aus
den Berichten des jungen Georg Forster (1754–1794), der mit
Captain Cook (1728–1799) um die Welt gereist war, herausgelesen
hatten (eine sentimentale Folie, die auch Götz Aly im *Prachtboot*
mehrfach bemüht). Mit dem Teakholzschoner *Coeran* segelte
Hernsheim zunächst von Hongkong durch die Ballington-Straße,
ging dann entlang der Philippinen südöstlich und erreichte am
22. September Palau, eine der westlichsten Gruppen der pazifi-
schen Inselwelt. Auf der Reede vor Koror lag bereits die Hamburger
Brigg *Helene*, deren Kapitän Georg Christoph Levison (1845–1879)
für das weltumspannende Hamburger Handelshaus *Joh. Cés. Godeffroy & Sohn* tätig war, in diesen Jahren der Pionier des deutschen
Südseehandels schlechthin. So hatte Levison auf den Hermitinseln,
von denen das Luf-Boot stammt, schon 1872 eine Station gegründet
und einen niedergelassenen Händler eingesetzt, den Liverpooler
Thomas Shaw.
Shaw, der zu dieser Zeit bereits seit zwanzig Jahren in der Südsee
lebte, hatte in Geschäften mit Insulanern reiche Erfahrung. Aus
einer Partnerschaft mit einer Jap-Frau (Karolinen-Inseln) war ein
Sohn hervorgegangen, der verschiedene Dialekte fließend sprach
und bei Transaktionen des Vaters häufig dolmetschte. Der Händler
und sein Sohn – das erfuhr Hernsheim während eines Besuchs auf
der *Helene* von Levison – lebten nicht auf Luf, der am stärksten
bevölkerten Insel des Hermit-Atolls, sondern der Sandinsel Manofe am westlichen Außenriff. Dies hatte man bewußt so einge-
richtet, um Konflikte mit den Hermitleuten, die als kriegerisch
galten, zu vermeiden.[11]

6

Bei dieser und anderen Entscheidungen hatte Levison sich auf die Erfahrungen eines Vorgängers gestützt, des in Wilster geborenen Kapitäns Alfred Tetens (1835–1903). Tetens, der ebenfalls bei Godeffroys angestellt gewesen war, hatte die Hermitinseln schon 1867 mit der Brigg *Vesta* besucht. Von ihm stammt der wohl früheste deutsche Bericht über die Gruppe, den man heute kennt. Aus dem Bericht kann man unter anderem entnehmen, daß Tetens bei seinem Aufenthalt einem kleinen Jungen am Strand begegnete und darüber nach Hamburg meldete: »[Er] bat mich, ich möchte ihn mitnehmen von dieser Insel, denn die Eingeborenen seien nach den Anchorites [einem benachbarten Atoll] gewesen, hätten seinem Vater den Kopf abgeschlagen & ihn selbst mit fortgeschleppt.« Wegen dieser Bitte gab Tetens dem etwa Zwölfjährigen zunächst Asyl auf der *Vesta*. Doch der Junge überlegte es sich über Nacht anders, sprang am nächsten Tag über Bord, schwamm zurück nach Luf und verschwand im Busch.

Einen ersten Versuch von Tetens und seiner Mannschaft, auf der Insel zu landen, hatten die Hermitkrieger mit lautstarken »Tabua«-Rufen abgewehrt. Tetens hatte genau verstanden, was das hieß. In seinem Bericht nach Hamburg schrieb er dazu, die Rufe bedeuteten »wohl so viel ... als: Es ist verboten, gegen die Sitte, schlecht.«

Als Tetens in den kommenden Tagen mitgebrachte Fischer von Jap auf den Außenriffen des Atolls Trepang sammeln ließ (eine Seewalzenart, die in Hongkong als Delikatesse verkauft wurde), kamen jedoch Hermitleute heraus, fischten mit und lieferten Tetens gegen rotes Tuch und Bandeisen so viel an Ausbeute, daß »nach 4 Tagen die Riffe schon geleert« waren.[12]

Diese vier Versatzelemente – die abgelegene Station Thomas Shaws; der kleine Junge, der von den Hermits wegen der Grausamkeit ihrer Krieger fliehen wollte, sich dann aber anders entschied aus Gründen, die für einen Europäer kaum auszumachen waren; die abwehrende Haltung der Hermitleute gegen eine Landung Fremder auf ihrer Hauptinsel; die gleichzeitige Bereitschaft, eigene Fischereikenntnisse und Arbeitsleistung gegen Tauschwaren in

den Dienst genau dieser Fremden zu stellen – solche widerspruchs-
vollen Zeitzeugnisse zeigen mustergültig jene Verhältnisse, mit
denen sich auch Eduard Hernsheim in den folgenden Jahren auf
den Hermitinseln auseinandersetzen mußte.

*

Fünf Jahre nach der Begegnung mit Kapitän Levison kopierte
Hernsheim dessen Idee und gründete auf der unbewohnten Insel
Carcone beim östlichen Außenriff des Hermit-Atolls selbst eine
Station, die permanent mit einem Europäer, dem Niederländer
»Jack« Sandbergen, besetzt wurde. Dies geschah, wie Hernsheim
später an das Auswärtige Amt berichtete, ausdrücklich ›auf
Wunsch der Eingeborenen‹.[13] Im Dezember 1881 folgte dann eine
nächste Annäherung. Nun wurde auf »speziellen Wunsch« der
Ober-*Chiefs* Levinan und Fisico die Handelsstation von Carcone
auf die Hauptinsel Luf verlegt. Auch Hernsheims neuer Händler
auf dem Atoll, Charles Southwell, befürwortete das, er insbesondere, weil Carcone sumpfig und von Malaria behaftet war.[14]
Im engeren Sinne war es dann diese Verlegung zur Jahreswende
1881/82, die zu einem Desaster führte – eben jenen Ereignissen, die
Stephan Karkowsky im Radio-Interview mit Götz Aly zusam-
menfaßt. Denn für den Stations-Neubau beim Hauptdorf auf Luf
fällten Southwells Arbeiter, etwa sieben Mann von den Salomon-
inseln, eine Reihe Bäume, die den Hermitleuten viel bedeuteten.
Ober-*Chief* Levinan sprach daraufhin gegen Southwell ein Verbot
aus, mit den Arbeiten fortzufahren. Doch Southwell ignorierte die
Weisung und schickte seine Männer umgehend wieder in den
Busch. Nun folgte Levinan den Arbeitern und sprach das Verbot
gegen sie erneut aus. Zumindest einer der Männer ließ sich das
nicht bieten und drohte dem fremden *Chief* mit einem Speer. Einige
Stunden später überfiel eine Schar Krieger die neue Station und
brachte die sieben Arbeiter um. Danach fesselten Levinan, sein
Sohn Haikuk und einige Unter-*Chiefs* den malariageschwächten
Southwell und begruben ihn lebendig. Zuletzt wurde die halb-
fertige Station von den Hermitleuten niedergebrannt.[15]

Als erstes Schiff nach der Tragödie lief im April 1882 Hernsheims Kleindampfer *Pacific* in die Lagune ein. Von Hermitkriegern, die sich am Strand von Luf versteckt hielten, wurde das Schiff sofort unter Gewehrfeuer genommen. Mindestens zwanzig Schüsse trafen die Bordwand. Kapitän Sachse ging daraufhin schleunigst, völlig defensiv, wieder auf See.[16] Hernsheims zweitem Kleindampfer *Freya*, der einige Wochen später vor Luf einlief, gelang eine solche Flucht nicht. Schiffsführer Kapitän Homeyer war die Lagune unbekannt; er setzte den Dampfer unmittelbar vor der Hauptinsel auf ein Binnenriff. Unter stundenlangen Schüssen von Land warf man Ladung, um das Fahrzeug freizubekommen. Unterdessen erschien ein Junge am Strand und rief: »*Charley died, all boys run away boat!*« Daraufhin meinte Homeyer, an Land gehen und die Lage erkunden zu müssen. Sobald der Kapitän übergesetzt war und das Gelände der Station erreichte, wurde er hinterrücks erschossen.[17]

Man sieht: Wiederum ist die Sachlage komplex. Täter und Opfer, Schuldige und Unschuldige lassen sich auch hier, wenn überhaupt, nur über langwierige Erörterungen voneinander scheiden. Zeitungsartikel, Fernsehstatements und Publikumsdiskussionen, denen sich Aly zur Verbreitung seiner Thesen auch bedient, können das nicht leisten. Noch komplizierter: Jene Flinten, mit denen die Hermitkrieger auf die beiden Kleindampfer schossen, hatte ihnen Charles Southwell als Agent von *Hernsheim & Co* eigenhändig verkauft. Denn die Hermitkrieger überfielen nicht nur ihre insularen Nachbarn, sondern sie wurden auch selbst von ihnen überfallen. Im Gespräch mit einem britischen Kommandanten hatte Eduard Hernsheim schon im November 1874 von einem Raubzug von Anachoreten-Insulanern mit siebzig Kriegskanus zum Hermit-Atoll erfahren, bei dem im Hauptdorf von Luf ungefähr alles bewegliche Gut entwendet worden war.[18] In den folgenden Jahren hatten dann erste Waffenlieferungen von *Hernsheim & Co* den Hermitleuten einen Machtvorteil verschafft[19] und so, mittelbar, den Schutz des Atolls gegen äußere Feinde gesichert und jenen umfangreicheren Handel mit Southwell als Agent, der die

9

Stationsgründung überhaupt lohnenswert machte, erst ermöglicht. Diese Strategie, hinter der unstrittig Eduard Hernsheim als Initiator stand, hatte nun, 1882, ihr Janusgesicht gezeigt.

*

Eduard Hernsheim erfuhr von den jüngsten Ereignissen während einer Geschäftsreise in Europa. Unter dem 12. Juli 1882 notierte er knapp in sein Tagebuch:»Schlechte Nachrichten. Hermit stat. genommen, *Freya* aufgefahren, Homeyer erschossen. ... Waaren & Copra geworfen ...«[20] Zu diesem Zeitpunkt wußte Hernsheim bereits, daß ausgehend von Samoa eine Inspektionsreise von entweder SMS *Carola* oder SMS *Hyäne* in den Bismarckarchipel beabsichtigt war. Seit etwa zwei Wochen Kaiserlicher Konsul für den Westpazifik, schickte Hernsheim am 22. Juli von Mainz einen ersten Bericht nach Berlin, in dem er nahelegte, im Rahmen der anstehenden Reise auch die Hermitinseln anzufahren. Er erlaubte sich,»daran die Bitte zu knüpfen, daß ... eine Untersuchung dieses Vorfalles ... und Bestrafung der Uebelthäter angeordnet werden möchte.« – Gemessen an dieser Formulierung ging es Hernsheim also eindeutig um eine vorgängige Feststellung von Einzeltätern und allein *deren* Maßregelung.[21] Es war Otto von Bismarck, dem das nicht genügte. Im Rahmen der 1876 eingeleiteten Stützpunktpolitik wollte der Reichskanzler sich als wirkungsvoller Beschützer des deutschen Handels profilieren und versuchte deshalb mit einer ersten erfolgreichen »Strafaktion« gegen »kriegerische« Südsee-Insulaner einen Fall zu schaffen, der zeigte, wie gut er das mithilfe der Kaiserlichen Kriegsmarine konnte. Am 16. August teilte Staatssekretär Paul von Hatzfeld der *Kaiserlichen Admiralität* mit, Bismarck habe die eingeleiteten Vorbereitungen für eine Operation auf den Hermitinseln befriedigt zur Kenntnis genommen und wünsche nun, »die Züchtigung in schärfster Weise eintreten zu lassen.«[22] Von einer vorgängigen Untersuchung zur Feststellung von Einzeltätern war jetzt keine Rede mehr; und das hatte Hernsheim gerade nicht gewollt. Auch waren bald, wegen des Drucks, den Bismarck machte, *beide* Kriegsschiffe vor Samoa, SMS *Carola* und *Hyäne*, für die Operation auf Luf bestimmt.

Von höchster Stelle unter Erfolgszwang gestellt, machten die verantwortlichen Kommandanten Guido Karcher und Wilhelm Geiseler aus der Operation ein gewaltiges Zerstörungswerk. Landungstruppen von insgesamt 139 Mann (nicht aber 350, wie Götz Aly angibt)[23] zerstörten mindestens 54 Kanus, darunter mehrere Großboote wie das Luf-Boot, sämtliches bewegliche Eigentum, das sie erreichen konnten, und etwa 67 Häuser, darunter das gesamte Hauptdorf von Luf.[24] Zugunsten der Kommandanten muß man jedoch einräumen, daß Karcher und Geiseler sich bei den drakonischen Maßnahmen immer noch in den Grenzen des deutschen Kriegsrechts bewegten. Vor der Operation erließ Karcher ein Verbot, auf Unbewaffnete, besonders »Weiber«, zu schießen.[25] Als sich dies praktisch nicht umsetzen ließ – während einer ersten Füsillade wurde mindestens eine Frau getötet –, verhängte Karcher ein allgemeines Schießverbot, das seinen Marinesoldaten bei nächsten Durchkämmungen nur noch die Verteidigung im absoluten Notfall erlaubte.[26] Im Abschlußbericht bemerkte der Kommandant dann pikiert, daß wegen dieser Beschränkung eine Geiselnahme von Insulanern, gegen die man den Ober-*Chiefs* die Einzeltäter abpressen wollte, gescheitert war: »[D]ie betreffenden Offiziere«, erläuterte Karcher, »versuchten, die gesehenen Menschen durch Umgehen zu fangen, bei der Schnelligkeit aber[,] mit welcher sie im Busch verschwanden, ward ein Einfangen nicht geglückt.«[27]
Über die Zahl der Todesopfer infolge der Operation kann man nur spekulieren. Talagom, ein Hermit-Mann, mit dem Karcher während eines nächsten Aufenthalts auf Luf im Juni 1883 sprach, gab laut amtlichen Bericht an, daß »damals 5 Männer und 1 Frau getödtet seien, und zwar 2 Männer am letzten Tag durch Granatsplitter ...«[28] Das ist mit Sicherheit untertrieben; Talagom log aus Stolz. Auf der anderen Seite ist es aber genauso unhaltbar, jene etwa vierzig Insulaner, die Karcher beim Juni-Aufenthalt am Strand bemerkte, als die einzigen Überlebenden nach der Operation zu beziffern, wie Götz Aly dies tut.[29] Denn laut Talagoms Aussage handelte es sich bei diesen Leuten allein um Mitglieder des Clans von Ober-*Chief* Fisico, wogegen Ober-*Chief* Levinan bei noch

laufender Militäroperation mit seinem Clan auf die Exchequer-Inseln geflohen war und die Rückkehr der Gruppe im Juni 1883 noch ausstand.[30]

Deutlich höher anzusetzen als die Zahl der direkten Opfer ist allerdings die der indirekten. Nur Wochen nach der Operation setzte auf dem Hermit-Atoll der Nordwestmonsun ein, dem die Insulaner mangels Häusern schutzlos ausgeliefert waren. In dieser Zeit starben »viele« Bewohner, wie auch der spätere Prokurist von *Hernsheim & Co*, Rudolf Wahlen, in einem Rückblick bezeugt.[31] Die Aussage des späteren Hernsheim-Händlers Jimmy Devlin, auf die Aly sich stützt, es seien während des Monsuns »so viele umgekommen ...., daß die Überlebenden nicht alle Toten hätten bestatten können«,[32] ist hingegen übertrieben. So gab es auf Luf zahlreiche Höhlen, in die sich die Hermitleute bereits während der Granatwürfe von Bord der deutschen Kriegsschiffe geflüchtet hatten. Das hatten sie dann auch während der Regenzeit getan. Bei Karchers Inspektionsaufenthalt im Juni 1883 standen auf dem Gelände des früheren Hauptdorfs bereits mehrere neue Hütten. Vorbereitungen zum Bau eines größeren Hauses waren getroffen.[33] Mindestens zwei ihrer Großboote hatten die Hermitleute vor den deutschen Marinesoldaten gerettet,[34] ebenso einige kleinere Kanus. Mit einem dieser Kanus gingen Hermit-Männer sogar längsseit von SMS *Carola*, gleich nachdem das Kriegsschiff am 14. Juni 1883 in die Lagune eingelaufen war. Sie boten Früchte zum Verkauf,[35] was sie kaum getan haben würden, wären ihre Gärten und Pflanzungen von den deutschen Soldaten restlos verwüstet gewesen.

Die Krise, in welche die *Carola-Hyäne*-Operation die Hermitleute stürzte, war beträchtlich. Aber trotzdem machte sie die Insulaner nicht zu jenen willenlosen, zerrütteten Opfern, die Götz Aly in ihnen sehen will. Auch eine Zerstörung der Kultur der Hermiten bewirkte die Operation für sich genommen nicht. In den folgenden Jahren bauten die Männergesellschaften auf Luf noch mindestens zwei neue Großboote. Mit vier solchen Fahrzeugen, besetzt mit zusammen rund sechzig Mann, unternahmen die Hermitkrieger im Jahr 1889 einen nächsten Eroberungszug zu den Anachoreten. In einem Orkan, der die Flotte traf, verschollen drei dieser Boote. Das vierte verschlug es zur St. Davidsinsel im Westpazifik, wo es mit neun Überlebenden strandete. Diese Männer kamen bei einem Agenten der *Jaluit-Gesellschaft* unter, die im Jahr 1887 die dortigen Besitzungen von *Hernsheim & Co* übernommen hatte. Wohl auf Initiative Eduard Hernsheims holte der erwähnte Händler Jimmy Devlin die Havarierten auf ihre Heimatinsel zurück.[36]

Götz Aly, dem es nicht passen darf, den Bevölkerungsrückgang auf Luf auch auf ›Naturgewalten‹ (die Havarie der drei Großboote im Orkan) zurückzuführen, entwertet das Ereignis zur Legende. Dafür bezieht Aly sich auf einen Überlieferungsstrang, demzufolge der Ethnologe Otto Dempwolff (1871–1938) sämtliche Einzelheiten zur Havarie bloß mündlich von Händler Devlin erfahren haben soll, der sich später gegenüber Dempwolffs Kollegen Paul Hambruch (1882– 1933) damit brüstete, Dempwolff mit solchen und anderen Angaben »gehörig angelogen« zu haben.[37] Dempwolff aber ließ sich Devlins Ausführungen zur Havarie, in denen er laut einem Eintrag in seinem Tagebuch einen »Kern von Thatsachen« vermutete,[38] durch Maximilian Thiel (1865–1939) als Geschäftsnachfolger Eduard Hernsheims aus Firmenakten von *Hernsheim & Co* bestätigen.[39] Aus den Berichten dieser Akten stammen das Jahr des Eroberungszugs, die Besatzungszahlen für die Großboote und die Zahl der Überlebenden. Trotz Alys Einwänden dürfen wir also verläßlich davon sprechen, daß es die Havarie gab und bei ihr gut fünfzig Hermitkrieger starben, mit hoher Wahrscheinlichkeit mehr, als es direkte und indirekte männliche Todesopfer infolge der *Carola-Hyäne*-Operation gab.

Wenn um 1895, als eine Männergesellschaft auf Luf jenes letzte Großboot baute, das heute im *Humboldt Forum* steht, auf dem gesamten Hermit-Atoll schätzungsweise nur noch an die siebzig Insulaner lebten, während es bei Eduard Hernsheims erstem Aufenthalt im Jahr 1874 noch um die vierhundert gewesen waren, woran lag es dann?

Um das zu beantworten, muß man in den Recherchen weiter aus-
greifen, als Götz Aly es bei seinen Arbeiten für das *Prachtboot* getan
hat. Man muß Firmennachlässe heranziehen, Tagebücher von Missionaren, die in den betreffenden Jahren in der Südsee tätig waren,
Berichte deutscher und britischer Kriegsschiffs-Kommandanten,
die im letzten Viertel des 19. Jahrhunderts den Pazifik befuhren.
Erst dann ergibt sich aus Indizien: Die *Deutsche Handels- und Plan-
tagengesellschaft der Südsee-Inseln zu Hamburg* (*DHPG*) – das war die
Nachfolgerin des Godeffroy'schen Südsee-Betriebes und zugleich
die mächtigste deutsche Konkurrentin von *Hernsheim & Co* – nutzte
die gewaltsame Pazifizierung der Hermitleute zugunsten eigener
Geschäftsinteressen aus. Ungefähr 1883 nahm sie die stillgelegte
Station Thomas Shaws wieder in Betrieb; doch nun verwendete sie
die Niederlassung vorrangig nicht mehr zu Handelszwecken,
sondern dafür, um aus der ohnehin geschwächten Bevölkerung
Männer und Frauen für Arbeitsdienste auf die eigenen Plantagen
nach Samoa zu holen.[40] Dem »fremden Klima« (andersartigen epi-
demiologischen Umfeld) und harten Arbeitsbedingungen aus-
gesetzt, erlitten viele dieser Rekruten während ihrer üblicherweise
dreijährigen Aufenthalte bleibende Schäden. Einfach gesagt: Die
DHPG nahm den Hermitinsulanern genau jenen Teil ihres Volkes,
der es hätte vermehren und erhalten können. Zudem schleppten
im betreffenden Zeitraum wohl gerade die repatriierten Arbeiter
aggressive Erreger auf die Hermitinseln ein.
Eduard Hernsheim wußte um solche schädlichen Folgen des
Arbeiterhandels und bekämpfte das Gewerbe frühzeitig mit Ein-
gaben nach Berlin und London. In seinen *Lebenserinnerungen* bemerkt Hernsheim lapidar, der geschäftliche Erfolg seiner Firma habe
gerade auch darauf beruht, »daß wir uns nicht mit Arbeiteranwer-
bung beschäftigten und daher keine Schwierigkeiten mit den
Eingeborenen hatten.«[41] Ebenso die Kaiserliche Gouvernementsver-
waltung für den Bismarckarchipel (eingesetzt 1899) erkannte die
fatale Entwicklung, reagierte aber viel zu spät. Erst 1910 verhängte
sie über die gesamten Westlichen Inseln, in deren Gebiet auch das
Hermit-Atoll liegt, ein allgemeines Rekrutierungsverbot.[42]

Was bleibt am Ende von Götz Alys Räubergeschichte? Eduard Hernsheim, der »Besitzergreifer« und »Kulturzerstörer«, dem man wegen eines verächtlichen Gesamtverhaltens gegen Südsee-Insulaner einen Raub des letzten Großbootes von Luf durchaus zutrauen könnte, erscheint in den historischen Quellen nicht, wenn man sie sorgfältig durchgeht und kritisch prüft. Dann ergibt sich nämlich auch, daß Hernsheim, als das Luf-Boot im Jahr 1902 den Eigentümer wechselte, gar nicht mehr in der Südsee war, sondern als Kaufmann in Hamburg lebte. Gespräche mit Leuten auf Luf, die zu einem gültigen Verkauf des Bootes führten,[43] müssen statt dessen von Max Thiel oder einem Mitarbeiter der Südsee-Zentral-station von *Hernsheim & Co* geführt worden sein. Daß es dazu keinerlei schriftliche Unterlagen gibt, wie Götz Aly mehrfach anprangert, ist weder Eduard Hernsheim noch seinem Neffen Thiel anzulasten. Wegen der jüdischen Abstammung von Eduard Hernsheims Mutter und des eingeheirateten Erich Mayer (dem Schwiegersohn Franz Hernsheims, älterer Bruder Eduards) litt die Familie Hernsheim im Dritten Reich unter Verfolgung. Erich Mayer und seine Frau Luz, geborene Hernsheim, begingen Selbst-mord, als ihnen die Deportation in ein Konzentrationslager bevor-stand.[44] Maximilian Thiel vernichtete sämtliche ihm greifbaren Firmen- und Privatdokumente, bis auf Eduard Hernsheims *Lebens-erinnerungen*, seine Tagebücher 1880-86, sowie eine Abschrift zur Firmengeschichte von *Hernsheim & Co*. Eine handgeschriebene Notiz, die im Familienarchiv Hernsheim obenauf liegt, beweist dies.[45] Gerade auch wegen dieser Nachgeschichte sollte man mit Vorwürfen gegen Mitglieder der Familie Hernsheim sehr vor-sichtig sein.

Belege und Anmerkungen

1 Hernsheim verwendet das Wort in seinen Südsee-Tagebüchern unter dem 25.04.1884 und tut dies im Sinn eines unglaubwürdigen Narrativs, vgl. E. Herns-heim, *Südseekaufmann*, S. 542.
2 Titelnachweis siehe Literaturverzeichnis. Eigenaussage Aly: »»Mein Buch ›Das Prachtschiff‹ [sic] verstehe ich als Streitschrift.« G. Aly, H. Jessen »Streitschrift«, S. 5.
3 S. Karkowsky, »Das Prachtboot ... und dunkle Flecken«, Min. 1:42-2:12.
4 Vgl. die sinngemäße Zusammenfassung bei Perlentaucher: »Eduard Hernsheim, der das Boot nach Berlin bringen half, hatte zwanzig Jahre zuvor selbst für die Zerstörung der Kultur gesorgt, die es hervorgebracht hatte.« – https://www.per lentaucher.de/9punkt/2021-07-29.html?highlight=Humboldt+Forum#a83633 (zu-letzt abgerufen im September 2022).
5 B. Hauser-Schäublin, »Warum das Luf-Boot ...«, ohne Pagina.
6 P. Vögeli, »Deutschland und seine Kolonialvergangenheit«, Min. 2:57-3:15. Ähn-lich äußert sich Götz Aly auch in ders. u. H. Jessen, »Streitschrift«: »[Da] ... dachte ich: Interessant! Das Boot kriegen sie nicht wieder heraus – dann nehme ich das Prachtboot für eine exemplarische Auseinandersetzung ...« (S. 2).
7 G. Aly, *Prachtboot*, S. 38.
8 F. Bohr, U. Knöfel, »Deutsche zerstörten Paradies ...«, ohne Pagina.
9 P. Vögeli, a.a.O., Min 1:57-1:59.
10 Emails von R. Wendt und H. Mückler an den Autor, 15.08. bzw. 17.09.2021.
11 Reise des *Coeran* und Begegnung Hernsheims mit Levison, vgl. E. Hernsheim, *Süd-seekaufmann*, S. 53. Einzelheiten zu Levisons Stationsgründung auf Manofe und zu Thomas Shaw s. E. Hernsheim, a.a.O., S. 61f., ferner W. Wawn, *Amongst the Pacific Islands, 1870-74*. Manuskript, Alexander Turnbull Library, Wellington, New Zealand, qMS-2125, Pag. 116.
12 Alles nach A. Tetens, *Vesta-Expeditionen*. – Begegnung mit dem Jungen: S. 52f., Tabua-Rufe usw.: S. 51, gemeinsames Fischen: S. 52.
13 E. Hernsheim an Auswärtiges Amt, ohne Datum, Bundesarchiv, R 1001/2786. Laut dieser Quelle kam es bereits 1876 zu der Stationierung. In weiter gefaßten Zusammenhängen ist jedoch eine Gründung bei Hernsheims Aufenthalt im Juni 1879 wahrscheinlicher. Zu diesem Aufenthalt vgl. E. Hernsheim, *Südsee-kaufmann*, S. 100f., mit FN 129.
14 Karcher an Chef der Admiralität, 12.02.1883, Reichsmarineamt, Akten im Besitz der [British] Admiralty, London. Mikrofilmkopie, Mitchell Library, Sydney.
15 vgl. Karcher an Chef der Admiralität, a.a.O., und Anlage III zu diesem Bericht. Zum Tod Southwells s.a. A. Krämer, »Beiträge Hermit-Inseln«, S. 59.
16 E. Hernsheim an Auswärtiges Amt, 26.07.1882, Bundesarchiv, R 1001/2786, zuvor aufgrund von Augenzeugenberichten bereits Mathurin an [Britische] Admiralität, 20.05.1882, Royal Navy, Commander in Chief, Australian Station, Pacific Is-lands, 1881-84, Bd. 4, PI 12. Mikrofilmkopie, Mitchell Library, Sydney. Mathurin meldet 35 Gewehrschüsse, die den *Pacific* trafen.
17 Anlage I in E. Hernsheim an Auswärtiges Amt, o.D., Bundesarchiv, R 1001/2786, ferner Auszug aus dem Logbuch der *Freya*, Kapitän Scherrl, enthalten in Karcher an Chef der Admiralität, 12.02.1883, Reichsmarineamt, Akten im Besitz der [British] Admiralty, London. Mikrofilmkopie, Mitchell Library, Sydney.
18 Überfall und Raubzug sind dokumentiert in Saunders an Goodenough, 11.01.1875, Einlage, Royal Navy, Commander in Chief, Australian Station, Paci-fic Islands, 1857-76, Bd. 1, PI 13. Mikrofilmkopie, Mitchell Library, Sydney.
19 Zum Machtvorteil vgl. Karcher an Chef der Admiralität, 12.02.1883, a.a.O.

20 E. Hernsheim, *Südseekaufmann*, S. 446.

21 Bericht des Konsuls für Jaluit, 24.07.1882, S. 10f. (Abschrift), Bundesarchiv, RM 1/2894 (vordatiert). Noch in den *Lebenserinnerungen* (1907) spricht Hernsheim von einer »Untersuchung« der Vorfälle als einem seiner Motive für die Eingabe. – E. Hernsheim, *Südseekaufmann*, S. 155. In einem Interview für das *Rotary Magazin*, September 2021, wirft Aly mir vor, ich hätte mit dem Hinweis auf solche Äußerungen Hernsheims eine »merkwürdige Wendung« vollzogen, die »nicht entfernt« zu meinen früheren, sorgfältigen Recherchen passe (S. 45).

22 Hatzfeld an Kaiserliche Admiralität, 16.08.1882, Bundesarchiv, R 1001/2894.

23 Aly in G. Aly, H. Jessen »Streitschrift«, S. 3. Im *Prachtboot* spricht Aly abweichend von 300 Mann (S. 49). Laut »Stärke der Landungs-Abtheilungen« (Anlage zu Karchers Bericht, a.a.O.) kamen 106 Mann von SMS *Carola* und 33 Mann von SMS *Hyäne* an Land, einschließlich Krankenträgern.

24 A. Krämer, »Beiträge Hermit-Inseln«, S. 59. Dies ist die pessimistischste Überlieferung. Karchers Bericht vom 12.02.1883 nennt demgegenüber eine Zerstörung von insgesamt 48 Häusern und 19 Booten, darunter mindestens 13 größeren.

25 Dazu Karchers Bericht, a.a.O.: »Ich hatte die Offiziere persönlich vor jeder Landung ganz besonders dahin instruirt, Unbewaffnete nach Möglichkeit zu schonen, besonders aber niemals auf Weiber zu feuern.«

26 Karcher, ebenda: »Ich hatte das Schießen nach dem früheren Vorfall [d.i. der Tötung der Hermit-Frau] nur für den äußersten Nothfall gestattet …« – A. Krämer, der Einsicht in die betreffende Akte hatte, bewertet den Strafzug als »mit grosser … Umsicht ausgeführt« – ders., »Beiträge Hermit-Inseln«, S. 59.

27 Karcher, a.a.O. Dies spiegelt sich in meiner früheren Bilanz der Operation als militärischer Schlappe – J. Anderhandt, *Eduard Hernsheim ...*, Bd. 2, S. 63f.

28 Talagom in Karcher an Admiralität, 06.07.1883, Bundesarchiv, R 1001/2787.

29 G. Aly, *Prachtboot*, S. 58. Die Behauptung wurde von Journalisten wie Thomas Ribi ungeprüft übernommen – »Raubkunst in Deutschland: Wie das Luf-Boot nach Berlin kam«. *Neue Zürcher Zeitung*, 19.05.2021 (online).

30 Talagom in a.a.O. Nur Fisicos Leute, ergänzte Talagom, hätten sich während der Operation »in Höhlen und auf Bäumen versteckt gehalten«, d.h. nur sie hätten überhaupt zu Opfern der deutschen Füsilladen werden können.

31 Wahlen im *Pacific Islands Monthly*, Mai 1952, S. 71.

32 J. Devlin, zit. i. O. Dempwolff, »Aussterbende Völker«, S. 395f.

33 Karcher an Admiralität, 06.07.1883, a.a.O.

34 Anlage III zu Karcher an Chef der Admiralität, 12.02.1883, Reichsmarineamt, Akten im Besitz der [British] Admiralty, London. Mikrofilmkopie, Mitchell Library, Sydney.

35 Karcher an Admiralität, 06.07.1883, Bundesarchiv, R 1001/2787.

36 O. Dempwolff, »Aussterbende Völker«, S. 396.

37 G. Aly, »Die alten Lügen«, ohne Pagina, sinngemäßes Zitat. Ähnlich argumentiert Aly auch im *Prachtboot*, S. 128.

38 O. Dempwolff, *Tagebuch Westliche Inseln*, S. 56.

39 ders., »Aussterbende Völker«, S. 396, bes. FN 1: »Die Thatsache ist mir von Hrn. Thiel aus den Akten der Firma Hernsheim bestätigt.«

40 Allgemeiner Beginn der Arbeiterrekrutierung auf den Westlichen Inseln, zu denen das Hermit-Atoll zählt, im Jahr 1883 – E. Docker, *The Blackbirders: A brutal story of the Kanaka slave-trade*. Sydney, Melbourne u.a.: Angus & Robertson, 1981, S. 179. Wiederinbetriebnahme der Station Thomas Shaws und Arbeiterrekrutierung der *DHPG* auf dem Hermit-Atoll – Rudolf Wahlen im *Pacific Islands Monthly*, Mai 1952, S. 71. Wahlens Erinnerung, Godeffroys seien auf dem Hermit-Atoll durchgängig vertreten gewesen, ist getrübt. Die Station Shaws wurde ca. 1874 stillgelegt und frühestens 1883 von der *DHPG* als Nachfolgerin der

Godeffroy'schen Südsee-Unternehmungen wieder eröffnet. Denkbar sind zudem umfangreiche Rekrutierungen durch Schiffe der britischen Kolonie Queensland (Australien) bis Ende 1884, d.h. in den beiden Jahren vor den deutschen Flaggenhissungen. Betreffende britische Rekrutierungen auf den Westlichen Inseln lassen sich aus Berichten und Tagebüchern von ortsansässigen wesleyanischen Missionaren erschließen.

41 E. Hernsheim, *Südseekaufmann*, S. 192.
42 S. Firth, *German Recruitment ...*, S. 224.
43 Siehe hierzu meine Rezension des *Prachtboots* im *Journal of Pacific History*, Online-Vorabveröffentlichung: https://doi.org/10.1080/00223344.2021.2022432 (zuletzt abgerufen im September 2022).
44 R. Creelman im Vorwort zu F. Hernsheims *Südsee-Schriften*, dort S. 22.
45 Familienarchiv Hernsheim, Staatsarchiv Hamburg, 622-1. Die Notiz wird in Druckwerken bereits von P. Sack im Vorwort zu *Eduard Hernsheim, South Sea Merchant*, S. vii, Fußnote, erwähnt.

Literatur und andere Medien

Aly, Götz. *Das Prachtboot: Wie Deutsche die Kunstschätze der Südsee raubten.* Frankfurt/Main: Fischer, 2021.

ders. »Die alten Lügen leben noch«. *Die Zeit*, 28.07.2021 (online).

ders.; Jessen, Hans. »Dieses Buch ist eine Streitschrift«. Veröffentlichungen des Deutschen Kulturrats, https://www.kulturrat.de/themen/erinnerungskultur/humboldt-forum/dieses-buch-ist-eine-streitschrift/ (zuletzt abgerufen im September 2022).

Anderhandt, Jakob. *Eduard Hernsheim, die Südsee und viel Geld.* Biographie in zwei Bänden. (Die Südsee-Bibliothek, Nr. 1 u. 2.) Zweite, durchgesehene Auflage. Hamburg: tredition, 2021.

Bohr, Felix; Knöfel, Ulrike. »Die Deutschen zerstörten ein Paradies ...« (Interview mit Götz Aly). *Der Spiegel*, 08.05.2021 (online).

Dempwolff, Otto. »Aussterbende Völker«. *Zeitschrift für Ethnologie*, 36. Jg., H. 3/4 (1904), S. 384-415.

ders. *Tagebuch von den Westlichen Inseln, 1902.* Hgg. von Michael Duttge und seinen Geschwistern. Norderstedt: Books on Demand, 2019.

Firth, Stewart G. *German Recruitment and Employment of Labourers in the Western Pacific before the First World War.* (Thesis submitted for the degree of D. Phil., Oxford, 1973.) Wetherby: British Library Document Supply Centre, [19--]. (Mikrofilm)

Hauser-Schäublin, Brigitta. »Warum das Luf-Boot im Humboldt-Forum bleiben kann.« *Die Zeit*, 14.07.2021 (online).

Hernsheim, Eduard. *Südseekaufmann: Gesammelte Schriften.* (Die Südsee-Bibliothek Nr. 3.) Münster: MV-Wissenschaft, 2014/15.

Hernsheim, Franz. *Südsee-Schriften: Lebenserinnerungen und Tagebücher.* (Die Südsee-Bibliothek Nr. 4.) Hamburg: tredition, 2019.

Karkowsky, Stephan. »Das Prachtboot: Ein Ausstellungsstück und dunkle Flecken der Geschichte«. Interview mit Götz Aly bei *Deutschlandfunk Kultur*, 10.05.2021 (online).

Krämer, Augustin. »Beiträge zu einer Monographie der Hermit-Inseln (Luf-Archipel)«. *Forschungsreise SMS Planet 1906/07*, V. Band. Berlin: K. Siegismund, 1909, S. 57-122.

Mückler, Hermann. Rezension des *Prachtboots* in *Pacific Geographies*, Nr. 56 (Juli/Aug. 2021), S. 32-35.

Sack, Peter; Clark, Dymphna (Hgg.). *Eduard Hernsheim: South Sea Merchant*. Edited and translated by Peter Sack and Dymphna Clark. Boroko: Inst. of Papua New Guinea Studies, 1983.

Tetens, Alfred. *Expeditionen der Hamburger Brigg Vesta: Die Berichte von Kapitän Alfred Tetens 1865-1868*. Transcript in modern German script by Jakob Anderhandt of Captain Tetens' Reports ..., with annotations. Pacfic Manuscripts Bureau, Canberra (Australien), PMB 1319.

Vögeli, Peter. »Deutschland und seine Kolonialvergangenheit«. *Schweizer Rundfunk und Fernsehen, Echo der Zeit*, 28.06.2021 (online).

Aktualisierte, verbesserte und um Belege und Anmerkungen erweiterte Fassung, Oktober 2022. Erstveröffentlichung in *Museum Aktuell*, Doppelnr. 275/276 (2021), S. 20–23.

Jakob Anderhandt
Godeffroys in Ozeanien : Die Geschichte einer Spekulation
Zwei Bände – Die Südsee-Bibliothek Nr. 5 und 6

Band 1 / Nr. 5, 632 Seiten
Hardcover
36,50 €, ISBN 978-3-347-72272-9
Paperback
29,00 €, ISBN 978-3-347-73408-1

Band 2 / Nr. 6, 572 Seiten
Hardcover
36,50 €, ISBN 978-3-347-72282-8
Paperback
29,00 €, ISBN 978-3-347-73420-3

»Der Gedanke an koloniale Besitzungen – die man sich als Eldorado mit billigen Arbeitskräften und Rohstoffen vorstellte sowie als boomenden Exportmarkt, in dem eine wachsende Bevölkerung aus Einheimischen und Siedlern fleißig Waren aus dem Mutterland kaufte – war verführerisch.«

Christopher Clark, *Die Schlafwandler*

Warum wurde das Traditionshaus *Joh. Cés. Godeffroy & Sohn* in den 1840er Jahren zur größten Reederei Hamburgs? Worin bestand die eine, weit ausgreifende und vielgliedrige Spekulation der Kaufmannsfamilie Godeffroy in Ozeanien? – Jakob Anderhandt hat bisher nicht gesichtetes Archivmaterial ausgewertet und liefert mit seiner zweibändigen Firmenbiographie einen neuen Blick auf eines der spannendsten Kapitel hanseatisch-ozeanischer Beziehungen.

IMPRESSUM

Rechte und Inhalte Dritter sind als solche gekennzeichnet. Trotz sorgfältiger
Recherchen waren nicht alle Rechteinhaber der zitierten / veröffentlichten
Texte / abgedruckten Photographien, Karten oder Illustrationen zu ermitteln.
Nicht angefragte Rechteinhaber bitten wir gegebenenfalls, sich über
post@die-suedsee-bibliothek.org mit uns in Verbindung zu setzen.

Bibliographische Information der Deutschen Nationalbibliothek:
Die Deutsche Nationalbibliothek verzeichnet diese Publikation in
der Deutschen Nationalbibliographie; detaillierte bibliographische
Daten sind im Internet über http://dnb.d-nb.de abrufbar.

Jakob Anderhandt
Täter, Opfer, Fakten …
erscheint als Kurzbeitrag Nr. 3 der Schriftenreihe
Die Südsee-Bibliothek
bei tredition GmbH, Ahrensburg
www.tredition.com
© 2023 der vorliegenden Ausgabe

Das Werk, einschließlich seiner Teile, ist urheberrechtlich geschützt. Jede Ver-
wertung ohne Zustimmung des Herausgebers und des Autors ist unzulässig. Dies
gilt insbesondere für die elektronische oder sonstige Vervielfältigung, Übersetzung,
Verbreitung und öffentliche Zugänglichmachung.

© 2021 und 2022 Jakob Anderhandt
Lektorat und Korrektorat: Pauline Smith
Umschlag, Satz und Illustration: Pauline Smith
Bildnachweis Titel: Wikimedia Commons,
Ethnologisches Museum Berlin Ozeanien 027.jpg,
digital bearbeitet
Druck und Distribution im Auftrag: tredition GmbH
An der Strusbek 10, 22926 Ahrensburg

ISBN 978-3-347-75106-4 (Paperback)
ISBN 978-3-347-75109-5 (eBook)

MIX

Papier | Fördert
gute Waldnutzung

FSC® C083411

Zeitfracht Medien GmbH
Ferdinand-Jühlke-Straße 7
99095 Erfurt, Deutschland
produktsicherheit@kolibri360.de